Muévete

LONGWOOD PUBLIC LIBRARY

Grupo ROBIN BOOK
Barcelona - México
Buenos Aires

Muévete

Claves para sentirnos activos

Ana Molina

Vital

© 2010, Ana Molina Gavilán
© 2010, Ediciones Robinbook, s. l., Barcelona

Diseño de cubierta e interior: Cifra (www.cifra.cc)
Fotografía de cubierta: *Success woman* © iStockphoto

ISBN: 978-84-9917-069-5
Depósito legal: B-32.763-2010

Impreso por Egedsa, Rois de Corella 12-16,
08205 Sabadell (Barcelona)

Impreso en España - *Printed in Spain*

«Cualquier forma de reproducción, distribución, comunicación pública o transformación de esta obra solo puede ser realizada con la autorización de sus titulares, salvo excepción prevista por la ley. Diríjase a CEDRO (Centro Español de Derechos Reprográficos, www.cedro.org) si necesita fotocopiar o escanear algún fragmento de esta obra.»

*A quienes me apoyan.
A quienes me escuchan y comprenden.
A quienes me dan ánimo para
seguir hacia adelante.
Gracias.*

Nota de la autora:
Este libro está basado en conceptos básicos del Método TRCD que ha creado y sigue desarrollando Mª Gemma Sáenz.

Índice

Introducción 11

Primera parte 17

Segunda parte 47

Tercera parte 75

Cuarta parte 103

Quinta parte 131

Sexta parte 161

Anexo. Los números según el método TRCD 185

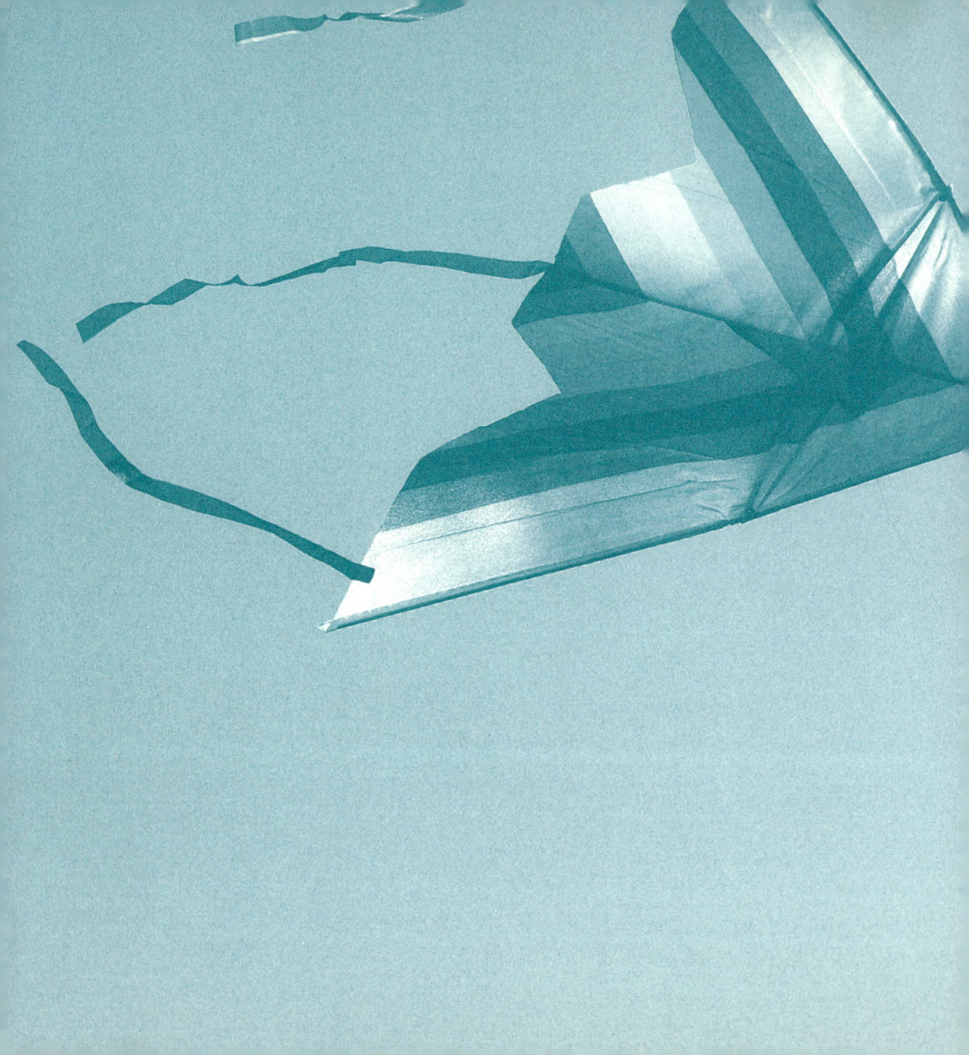

Introducción

El alma de este libro se puede recoger en esta frase: «Sobrevivir es una actitud pasiva: esperas a que algo suceda. VIVIR es una actitud activa: te mueves para que las cosas sucedan».

Este es un manual práctico que aporta recursos sencillos para estar activo y vivo en tu día a día. Te recomiendo que no lo juzgues y que lo pongas en práctica. Pruébalo.

El objetivo de este libro es potenciar tus recursos personales de acción, concreción y realización. Te propongo un sencillo juego con números. Piensa un número al azar del 1 al 130 y lee la clave asociada a ese número que has pensado. Tenla en cuenta para ese día, pues tu número te habrá llevado a la clave que necesitas en ese momento. Explora por ti mismo. Verás que los números pueden ser tus grandes amigos. Juega con ellos.

Cambio de actitud

Muchas veces nos quejamos, las cosas no salen como queremos. A veces hemos trabajado duro y los resultados no son acordes a nuestras expectativas. Y entonces, tiramos la toalla, ¿para qué me voy a mover? ¿por qué me pasa esto a mí?... Otras veces echamos balones fuera en vez de asumir nuestra responsabilidad.

Este libro propone un cambio de actitud. En vez de quejarnos, lamentarnos y quedarnos sin hacer, vamos a emprender, a movernos, a seguir hacia delante. Verás cómo al cambiar tus pensamientos y tu actitud tu entorno cercano también empieza a cambiar. Si estás activo y vivo, todo eso que parece que no sale, empieza a moverse. Los nuevos acontecimientos empiezan a suceder, y esto es porque te has movido tú, has entrado en acción. Podrás obtener un sí o un no, y cualquiera de los dos será positivo para ti, porque te habrás ubicado, sabrás por donde seguir y por donde no.

Vivimos en un mundo que cambia a un ritmo vertiginoso y nosotros, como parte de este mundo cambiante, también hemos de movernos buscando nuestro rumbo individual dentro del colectivo social.

Si nos quedamos parados, nos bloqueamos y no avanzamos. Cada vez nos sentimos más perdidos y confusos. Nos empezamos a comparar con otros, vemos menos salidas, vamos entrando en un proceso de parálisis y desmotivación. Aquí es donde nos metemos dentro de nuestro pasado.

Si nos empezamos a mover y somos capaces de pedir apoyo cuando lo necesitamos, entramos en el camino de las oportunidades.

Las oportunidades y el futuro están ahí para todos. Si te decides a emprender ese camino las oportunidades entran en tu vida sin más, y así cuanto más despierto estés, cuanto más activo y vivo te encuentres, mejor podrás ver esas oportunidades y tomar las que sean más útiles para ti.

Vivir intensamente en vez de sobrevivir
A nuestro alrededor todo parece cambiar por momentos. En realidad esto es siempre así, pero quizá ahora somos más conscientes. Las cosas no son muchas veces lo que parecían ser y los valores de siempre se tornan frágiles, parecen desmoronarse.

Nuestra antigua forma de pensar y de actuar ya no nos da los resultados esperados, y cada vez nos sentimos más abatidos y confusos… ¿cómo nos posicionamos ante esta nueva situación?

La mayoría de las veces nos quedamos a la expectativa: esperando a que algo pase, a que algo suceda sin más. El miedo cada vez nos bloquea más y más, atenazándonos, por lo que muchas veces buscamos refugio en el lamento… nos quedamos esperando y no nos movemos. El bloqueo y la parálisis son cada vez mayores. La espera lleva a la frustración, mientras que la acción te conduce hacia el triunfo.

¿Qué podemos hacer para estar mejor?
La realidad es que podemos hacer cosas para estar mejor con nosotros mismos, con las personas cercanas, en nuestros trabajos… Tiene que ver con la forma en que nos relacionamos, y siempre el primer cambio es interior. Sí, el cambio, esa palabra que sólo nombrarla nos hace temblar.

Nos hablan de crisis, pero en realidad se trata de un concepto que ha existido siempre. Crisis en las relaciones humanas, en el trabajo, financieras, sentimentales, familiares, crisis de identidad…. La posibilidad de cambio está siempre ahí, pero hasta que no nos da de lleno en la cara solemos evitarlo. La crisis nos invita al cambio de visión y de valores de una manera rotunda. Ya no podemos seguir evitando el cambio. Revertir esta situación está en nuestras manos. ¿Cómo? Tomando la responsabilidad de nuestra vida, sintiéndonos activos, trazándonos objetivos, planificando y actuando para que nuestras relaciones con el entorno se mantengan vivas y dinámicas, y nos aporten lo que necesitamos para estar bien.

He aquí una serie de claves para poner en práctica. Son acciones concretas, sencillas y a la vez poderosas, que puedes hacer para sentirte mejor y para ir cambiando poco a poco, a tu ritmo, hacia una actitud viva y activa en tu día a día. Es importante empezar e ir haciendo, y esto solo depende de ti. ¿Quieres probar?

Vivimos y experimentamos a través de la creación de vivencias que son las que perduran y nos sirven de balanza para aprender, superarnos, y cómo no, levantarnos cuando caemos.

Lo real, lo tangible: nuestro cuerpo
En las recomendaciones que encontrarás a continuación hay algunas de ellas que hacen referencia al cuerpo, y esto es así porque el cuerpo es clave y fundamental. Es lo más real y tangible que tenemos. A través del cuerpo nos movemos, nos expresamos, vivimos.

Todo lo que hemos vivido está registrado en el cuerpo. Nuestros miedos y angustias están registrados en el cuerpo sí, pero también nuestras vivencias positivas. Todos los recursos que hemos ido generando están también en nuestro cuerpo. Despertar esos recursos de vivencias positivas es clave para afrontar los obstáculos que se nos presentan.

El cuidado diario del cuerpo es esencial para que afloren dichos recursos. Ducharnos con un gel que nos agrade, echarnos crema, alimentarnos de manera sana, vestirnos con ropa cómoda, hacer ejercicio de forma regular, realizar alguna actividad que nos guste y disfrutemos, rodearnos de cosas bellas para nosotros, escuchar música inspiradora… esto es nutrir nuestro cuerpo y nuestra mente desde lo real y tangible.

La visualización: el trabajo con las imágenes mentales
Estamos acostumbrados a funcionar desde nuestra parte racional dejando de lado nuestra vertiente más creativa e intuitiva. Al trabajar con visualizaciones entramos más en contacto con esa parte que tenemos tan olvidada y que es tan importante. Empezamos a ver nuevas opciones que nuestra parte racional no nos aporta.

Pensar con lógica está bien, pensar de forma creativa está bien. Unificar ambas para que trabajen juntas es lo ideal. La razón y la intuición pueden colaborar para crear cosas nuevas con realismo. Las nuevas opciones sólo vienen si empezamos a abrir un poco nuestra mente y dejamos que nuestra parte creativa ocupe también su lugar.

Las imágenes nos ayudan a abrir nuestra mente, la despejan, y nos permiten pensar con mayor claridad aportando nuevas soluciones. Las visualizaciones que se aportan en este libro nos facilitan la vida. Desde su simbolismo permiten ver nuestra realidad desde otra perspectiva.

Se trata de crear escenarios útiles y eficaces para nosotros en nuestra vida cotidiana que nos ayuden a afrontar las situaciones que se nos presentan con más optimismo y vitalidad, desde el realismo y el sentido práctico. Pruébalo. Puede que al principio te cueste un poco porque no estamos acostumbrados. Si te atreves a probar y persistes estarás potenciando un gran recurso de vida. La imagen nos abre nuevas puertas, nuevas posibilidades…

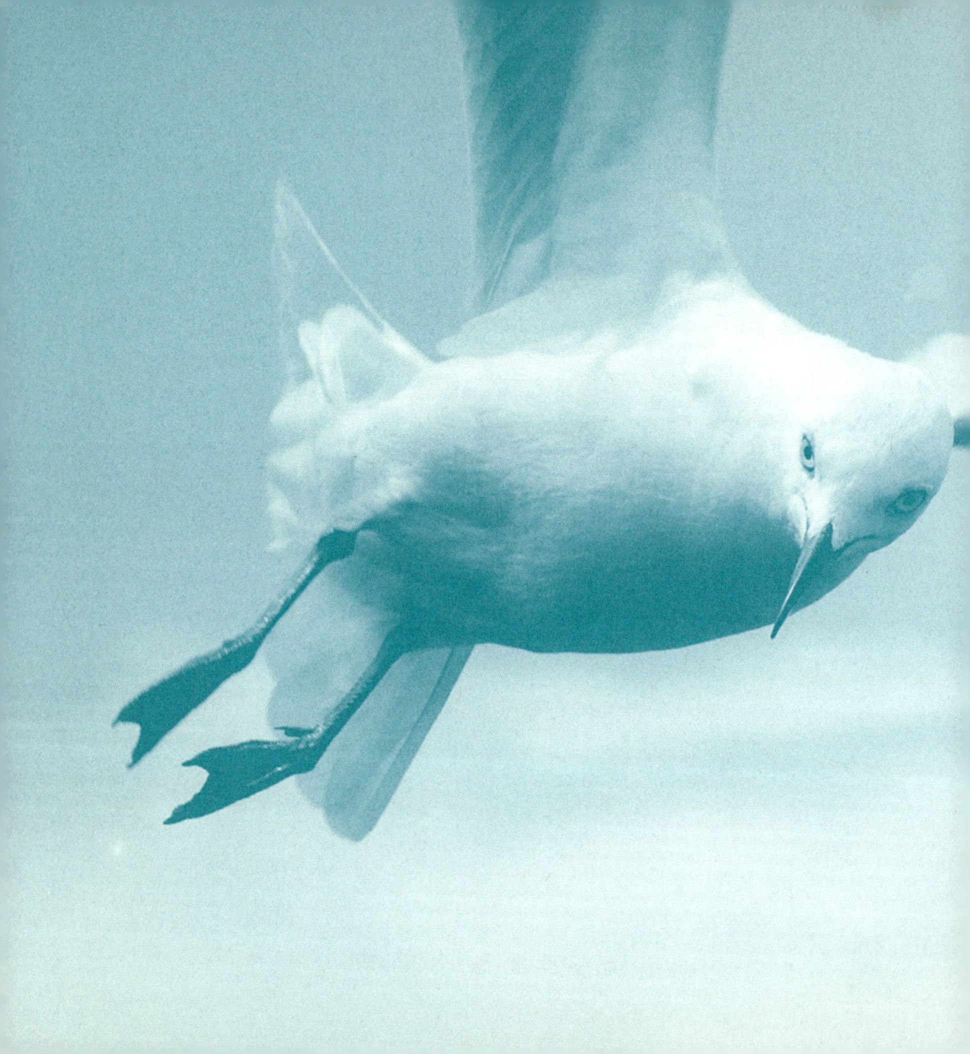

Primera parte

Tal y como comiences el día marcará gran parte del resto de la jornada

1 Empieza con un desayuno divertido y variado

Toma un buen desayuno por la mañana, comenzarás el día más centrad@, con más ánimo y energía. **Cada día desayuna algo distinto para no entrar en rutina**. Usa una vajilla de colores. Si quieres, escucha una música que te agrade. Tal y como comiences el día marcará gran parte del resto de la jornada.

Haz al menos 3 comidas al día 2

Desayuna, come y cena. Pueden ser ligeras, pero no te saltes comidas. Repercute en tu salud, ánimo y rendimiento. El desayuno es el primer contacto con el día, te aporta vitalidad y recursos para afrontarlo. **La comida ayuda a recuperar fuerza.** La cena proporciona el relax que necesitamos para finalizar el día. Permitirte un tiempo para tu alimento diario es darte un espacio y apostar por tu salud y vitalidad.

3 Infórmate de lo que sucede a tu alrededor

De camino al trabajo escucha música alegre o lee algo interesante y positivo para ti. **Llena tu mente con información que te aporte algo**: calma, impulso para la acción, una nueva idea para tus proyectos… Selecciona la información que te llega, pues te afecta más de lo que crees.

Sé realista 4

Infórmate para saber lo que hay a tu alrededor pero no te centres en lo negativo. **Realista no es igual a pesimista.** Realista es: con los recursos de que dispongo, qué puedo hacer para seguir hacia adelante. Aceptar tu situación, ver tus opciones, usar tus recursos, establecer un plan de acción y avanzar. Y recuerda: pide apoyo si lo necesitas.

5 Busca estímulos

Ten algún objeto, figura, o imagen que te guste sobre la mesa de trabajo. Cuando lo mires conecta con nuevo ánimo para seguir tu jornada laboral. Renuévalo cada semana. **Puedes poner un cuadro pequeño de naturaleza**, una figura de animal, una piedra bonita, un objeto anti-estrés de esos blanditos para tocar con tus manos, una frase inspiradora, este libro, …

Pon una nota de color en tu vida 6

Utiliza colores para escribir. El color te conecta con positividad y te ayuda a ver nuevas posibilidades. El color es vida. Aquí tienes una lista de lo que cada uno te aporta:

- Azul: fluidez en la expresión.
- Verde: movimiento.
- Rojo: impulso para relacionarte.
- Amarillo: conexión con tu intuición.
- Naranja / gris: equilibrio.
- Rosa: armonía.
- Blanco: fuerza.
- Marrón: relax.
- Violeta: ilusión.

El color es vida

Haz listas de cosas 7

Haz una lista de tareas y ordénalas por prioridad. Las listas descargan la mente y te ayudan a organizarte. Cada vez que finalices una tarea, márcala como terminada y sonríe. **Una tarea resuelta es un pequeño logro que te va dando auto-confianza** e impulso para seguir concretando y resolviendo.

8 Materializa tus ideas en el papel

Escribe tus ideas en papel, te ayudará a ordenarlas y a darles forma, y además, aligerarás tu cabeza. Es fundamental escribir nuestras ideas para sacarlas de la cabeza. Cuando tenemos la mente llena de ideas que no se concretan, esto hace que cada vez pensemos con más lentitud y dificultad. Escribirlas es el primer paso para el proceso de la concreción.

Haz estiramientos 9

Estira tu espalda cada cierto tiempo durante el día. Respirarás mejor y pensarás con más claridad. Si tienes molestias por sobrecarga del día, puedes hacer esta visualización que te ayudará a relajar: cierra los ojos y con la espalda recta imagina una corriente de color plata que sube desde abajo hacia los hombros y sale por ambos lados. Puede que al principio te cueste visualizar, es normal porque no estamos acostumbrados. Simplemente hazlo como te salga. **Lo importante es practicarlo.**

10 Olvida la queja constante

La queja te llena de negatividad y pierdes tiempo de ejecución. Si necesitas quejarte, escríbelo en un papel durante unos minutos para sacarlo de tu cabeza, después rompes el papel y lo tiras. **Ahora cambia de tema y sigue hacia adelante**. Para ayudarte a cambiar de tema imagina que estás leyendo un libro y pasas página.

Di en alto una palabra
que te reconforte

11 Utiliza palabras estimulantes

Cada día, el llegar a tu lugar de trabajo di en alto una palabra que te reconforte, puede ser porque te hace gracia o simplemente te gusta como suena. Por ejemplo: ardilla, futbolín, croissant, purpurina, chimpancé... Cámbiala cada semana. **Al hacerlo estarás llenando tu espacio de trabajo con una vibración alegre que repercutirá en tu buen ánimo para trabajar.**

Dale un nombre a tu ordenador 12

Ponle un nombre a tu ordenador y cada mañana cuando lo enciendas dale los buenos días: «Hola ROM, buenos días». Es tu compañero de trabajo y te facilita las tareas. Crea un vínculo positivo con él. Hazte su amig@, pues pasáis mucho tiempo junt@s.

13 Llega con ánimos a la oficina

Al llegar a la oficina di «buenos días» alto y claro, con energía, que se note que has cumplido la recomendación nº 1.

Ten calma 14

El color plata aporta calma. Ten algo plateado cerca y tócalo cuando lo necesites.

15 Vitalidad

El color oro nos proporciona vitalidad. Ten algo dorado cerca y tócalo cuando necesites sentirte más vivaz y dinámic@.

Elige un número estimulante 16

Elige un número y visualízalo en tu mente de diferentes colores. El dos te ayudará a moverte y concretar. El siete es estimulante para tus logros. (En el Anexo 1, página 185, encontrarás qué te aporta cada número según el Método TRCD).

Piensa en un
número y
visualízalo
en tu mente

Busca el lado positivo en todo 17

Positividad no es decir a todo que sí y que todo nos parezca bien con una sonrisa ficticia. Positividad es: **de cada situación y en cada interrelación busco lo positivo para mí.** Pregúntate ¿qué me aporta esta situación concreta o esta persona? ¿qué puedo yo aprender o recoger que a mí me sirva?

18 Persevera

Haz lo mejor que puedas y relájate. Hay días que te saldrá mejor y otros no tanto, tranquil@, son las fluctuaciones normales del ser humano. **Lo importante es seguir hacia adelante** y perseverar. Para ayudarte imagina que estás nadando en el mar: unos días hay olas grandes y nos cuesta más avanzar y otros días el mar está en calma y avanzamos más fácilmente.

No dejes las tareas a medias 19

Céntrate en 5 tareas, empieza y acaba una a una, y cuando hayas terminado empieza otras 5. **El querer hacer mucho a la vez solo crea dispersión y frustración.** Empezar y acabar te da sensación de reto conseguido, y te llena de estímulo para seguir adelante.

Empezar y acabar te da sensación de reto conseguido

Aprende de tus errores 20

Sé flexible por tus errores y aprende de ellos para hacerlo mejor la próxima vez. ¿Sabes quién no se equivoca? Aquél que no hace nada. **Avanzar implica que nos podemos equivocar**, con ese error aprenderemos algo y así cada vez seremos más selectivos. Muchos errores, si aprendemos de ellos y seguimos adelante, nos llevan poco a poco a nuestros aciertos.

21 Interrelación y protección

Qué hacer con un gesto, mirada o palabra rara de un jefe o compañero. Céntrate en ti y haz este ejercicio de visualización: imagina que estás rodeado por un remolino de viento que se lleva ese gesto o palabra y la lanza a un desierto de arena de manera que a ti no te llega. **Te sentirás protegid@ y te ayudará a seguir centrad@** y mantener tu buen ánimo y vitalidad.

Saca conclusiones 22

Ante un tropiezo saca una conclusión clara, simple, y precisa y sigue hacia adelante, avanza. ¿Has tenido un malentendido con un compañero de trabajo? De nada sirve darle vueltas y vueltas al tema, pues es un desgaste de energía. **Saca una conclusión sencilla, aprende algo, y pasa a otra cosa.**

23 Sé activo

La preocupación confunde tu mente y paraliza tu cuerpo, la acción oxigena tu mente y vitaliza tu cuerpo. Reemplaza preocupación por acción. Cuando te sientas bloqueado por algo, imagina que vas en un coche que se ha parado por el tráfico. Poco a poco el tráfico empieza a fluir y tu coche empieza a moverse hacia adelante. Abres la ventanilla y dejas que el aire fresco te dé en la cara notando que empiezas a respirar mejor con el movimiento.

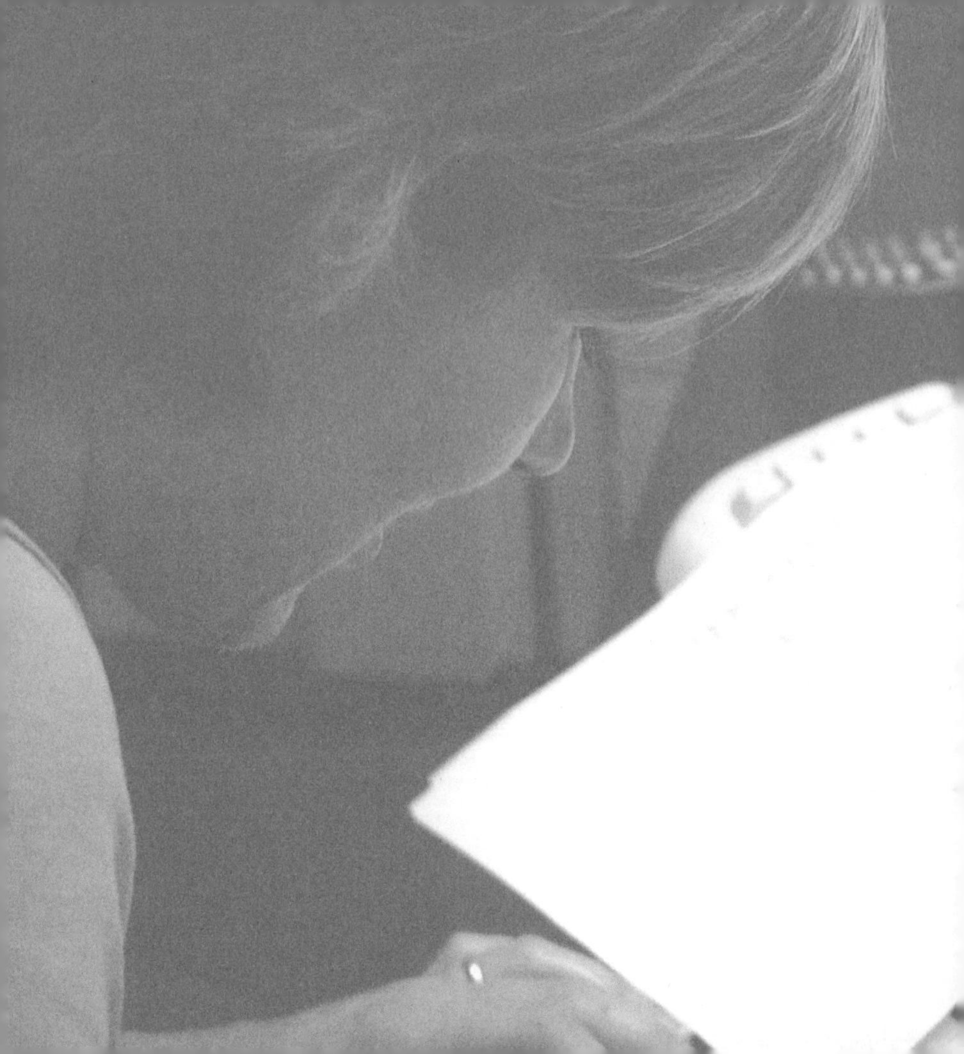

Segunda parte

Dale sentido a tu trabajo 24

Si aún no lo sabes, averigua para qué sirve tu trabajo. Quizás es parte de un proceso. **Averigua el resultado final.** El trabajo que realizas es útil y valioso.

El trabajo que realizas
es útil y valioso

Sé amable 25

Di gracias, **por favor**, y pide orientación si la necesitas. Te facilitará la relación con los demás.

26 Sigue aprendiendo

De manera habitual, cultiva tus habilidades personales y profesionales y cuida tu red de contactos. ¿Cómo? **Sigue aprendiendo cosas nuevas a través de libros**, cursos, internet. Sigue relacionándote con tus contactos: llámales, queda con ellos, pregúntales, cuéntales.

Conócete, valórate 27

Todos tenemos capacidades y limitaciones. ¿Conoces las tuyas? Haz este ejercicio: escribe tres de tus capacidades y tres de tus limitaciones. **Conocerte es clave para poder auto-gestionarte.**

28 Busca nuevos retos

Mira los obstáculos como retos para saltar y avanzar. Siempre hay una salida. Una vez superados saldrás reforzado con realismo en tu capacidad de «yo puedo». **Pide apoyo si es necesario**. Hacer ejercicio como caminar, ir al gimnasio, montar en bicicleta, bailar… te ayudará a vitalizar tu cuerpo y a relajar tu mente. Pensarás con más claridad y te ayudará a descubrir nuevas formas de resolución para saltar el obstáculo. ¡Pruébalo!

Traza un plan de acción 29

Ante un obstáculo que te surja, pregúntate: ¿qué puedo hacer hoy y ahora para avanzar? ¿Cuáles son mis recursos en este momento y cómo puedo gestionarlos para seguir hacia adelante? **Escribe un nuevo plan de acción claro y sencillo y ponte a ello.** Puede tratarse simplemente de 3 pasos que vas a dar para empezar a resolver. Empieza y verás que una cosa te lleva a otra.

¿Qué puedo hacer hoy y ahora para avanzar?

Escribe palabras estimulantes 30

Cuando te sientas abatid@, escribe en un papel palabras de estímulo, como por ejemplo: «reto», «logro», «yo puedo», «soy capaz». Después visualiza una imagen de superación, por ejemplo, un corredor de fondo llegando a la meta.

31 Habla claro y concreto

Los discursos demasiado extensos o ambiguos crean confusión y te descentran a ti y a los que te escuchan. Escribir en un papel lo que quieres expresar antes de decirlo te ayudará a ser más concret@ con la palabra.

Sé humilde 32

Todos tenemos capacidades y limitaciones.
Reconocer nuestras capacidades y aceptar nuestras limitaciones nos da una base de realismo para centrarnos y ubicarnos.

33. No demores una decisión

Postergar la acción te provoca sobrecarga mental y corporal. Ir haciendo y resolviendo te proporciona dinamismo y vitalidad. Cuando postergamos estamos dejando cosas incompletas. **Es importante ir cerrando temas**. Apunta en un papel las cosas que tengas pendientes, y empieza a cerrarlas.

Cuida tu imagen personal 34

Cuida tu aspecto físico, primero por ti mism@, y además porque te da seguridad a la hora de interrelacionarte. **Busca tu estilo personal**, que te sientas cómod@ y te veas favorecid@.

35 No vaciles

La duda nos hace tambalear, nos paraliza. Hace que no veamos nuestras opciones con claridad. Ante una situación de duda, escribe 2 opciones en un papel con 3 puntos positivos y 3 puntos negativos de cada una. Decídete por una y prueba. **Aprende haciendo, y cada vez estarás más cerca de tus aciertos.**

Aprendemos a través de nuestras vivencias

36 Vive con entusiasmo

El entusiasmo es mi capacidad para revertir el no y el no puedo en sí y acción. No son las cosas que van bien lo que trae el entusiasmo, sino es **nuestra actitud entusiasta la que hace que las cosas vayan mejor**. Aprendemos a través de nuestras vivencias. Vivir implica responsabilizarnos de nuestra propia vida e implicarnos en ella.

Busca nuevos retos 37

Tus logros son peldaños en el camino, una vez alcanzado un logro busca otro. No te quedes pensando en lo bien o mal que lo has hecho, saca una conclusión sencilla, precisa y llana, y sigue avanzando hacia adelante. **Si te quedas en tus fracasos, te hundes y no avanzas.** Si te quedas en tus éxitos, te inflas y tampoco avanzas, pues no sigues creando futuro.

38 Descubre todo tu potencial

Hay temporadas en que las cosas vienen más fáciles, aprovéchalo, es un rellano en el camino, y hay otras temporadas en que las cosas se presentan más cuesta arriba. Son esas épocas en las que has de sacar tu fuerza y en las que también tienes la ocasión de descubrir tus grandes recursos internos. **Aprende y sigue hacia adelante.**

Ten una visión positiva del trabajo 39

Piensa una palabra o frase que te guste y te conecte con algo positivo de tu trabajo, por ejemplo: reto, logro, dinero para vivir y hacer cosas que me gustan, vitalidad, abundancia, energía, **sentirme útil,** relacionarme con mi entorno…

Conecta con algo positivo de tu trabajo

Busca nuevos alicientes 40

¿Qué puedes hacer hoy para estar content@ en tu trabajo? Céntrate en las palabras: hoy, contento, y hacer. ¡Y hazlo! No hace falta que sean grandes cosas, **puede ser algo sencillo como acabar una tarea pendiente**, o algo para ti como, por ejemplo, tomar tu helado preferido a la salida del trabajo.

41 Explora tu capacidad

Las capacidades se descubren probando y haciendo. ¿Cómo sino vas a saberlo? Atrévete a explorar. ¿Eres sociable? ¿Se te da bien escribir? ¿Eres especialmente animos@ y notas que motivas a los demás? ¿Ves aspectos concretos que otras personas no observan? ¿Se te da bien sintetizar? Busca tu capacidad. **Cada uno de nosotros tiene una o varias capacidades que nos hacen únicos y exclusivos.**

Encuentra tu color blanco 42

Revertir lo negativo en positivo. **De cada situación podemos aprender algo que nos sirve.** Empieza ya y poco a poco te será más fácil. Este ejercicio te ayudará: imagina una lupa con la que en cualquier situación encuentras una luz blanca que, por pequeña que sea, simboliza lo positivo para ti de esa situación. Lleva la lupa siempre contigo, te ayudará a encontrar tu color blanco en las situaciones.

Busca el color blanco en cada situación

Almuerza una buena ensalada 43

Cuando te sientas desilusionad@ toma una ensalada con mucho colorido, conectarás con vida, verás las cosas de forma positiva y te abrirás a nuevas opciones. **El color simboliza la vida y las nuevas posibilidades.** Es expansivo.

# 44 Potencia tu autoestima

Es la alineación básica entre cuerpo y mente: hago en función de lo que pienso y mi pensamiento registra lo que siente mi cuerpo. Pensar, sentir, y hacer en armonía. **Para potenciarla es importante que te conozcas**, y para que te conozcas es fundamental que hagas, que actúes, que pruebes, en vez de darle vueltas y vueltas a las cosas.

Tercera parte

Márcate nuevos retos profesionales 45

Esta semana ponte 5 retos personales y 5 retos profesionales. Equilibra la balanza entre profesión y vida personal. Te ayudará a ser más efectiv@ en tu trabajo y a nutrirte en tu vida personal. **Los retos que te pongas han de ser lo más claros y precisos posible.**

46 Busca tiempo para ti

Pon un tiempo para ti cada día: puede ser el momento del desayuno, al llegar a casa, antes de acostarte… **Tiempo para ti es tu tiempo haciendo algo que te gusta** y que disfrutas. Pueden ser 5 minutos, una hora, o el tiempo que puedas. Lo importante no es la duración, sino la continuidad: que cada día te concedas un tiempo para ti.

Disfruta 47

Realiza una actividad fuera del trabajo que te guste. La necesitas para descargar tensión y para cargarte de vitalidad y optimismo. ¿Qué te gusta hacer? Si no lo sabes, prueba diferentes actividades y selecciona la que te gusta y disfrutas. **Hacer algo que nos gusta y nos divierte sube nuestro ánimo y nuestra vitalidad.** Estaremos más content@s y resolveremos mejor en nuestra vida y en nuestro trabajo.

48 Protégete ante las influencias negativas

Cuando alguien con quien te relacionas esté muy negativ@ imagina que entre tú y esa persona hay **un mar de color azul luminoso que te aporta calma** y te protege de esa información que te puede afectar negativamente.

Sé concreto 49

Cuando te cueste concretar algo, haz girar tus muñecas durante 2 minutos y piensa en los 3 pasos que vas a dar para llevar a cabo tu idea. **Al terminar el ejercicio escribe los pasos a dar en un papel y ponte en marcha.**

Cuando te cueste concretar algo, haz girar tus muñecas durante 2 minutos

Ensaya ante un espejo 50

Cuando necesites decir algo a alguien y no puedes pues crearás más conflicto o confusión, dilo delante de un espejo. **Lo sacarás de ti y te sentirás más calmado**. Al verbalizarlo empezarás a sacarlo de tu mente y te sentirás un poco mejor.

51 Trabajo = Tiempo = Dinero

En lo laboral damos un tiempo que se concreta en trabajo y recibimos dinero a cambio. El trabajo no es lugar de afectos. Está bien tener un trato cordial y de respeto con tus compañeros, pero recuerda que estás en el trabajo. **Los afectos, mejor fuera del entorno laboral.** Te evitarás confusiones innecesarias y serás más efectiv@ en la gestión de tu tiempo y tu trabajo.

Exprésate correctamente 52

Pon atención a cómo hablas ¿hay muchas palabras repetidas? ¿malsonantes? Una expresión cuidada te ayudará en tu trabajo. **El color azul estimula tu expresión**, puedes utilizarlo en la ropa, complementos, decoración, para escribir. Usa distintos tonos: azul cielo, azul marino, azul turquesa, lapislázuli, índigo…

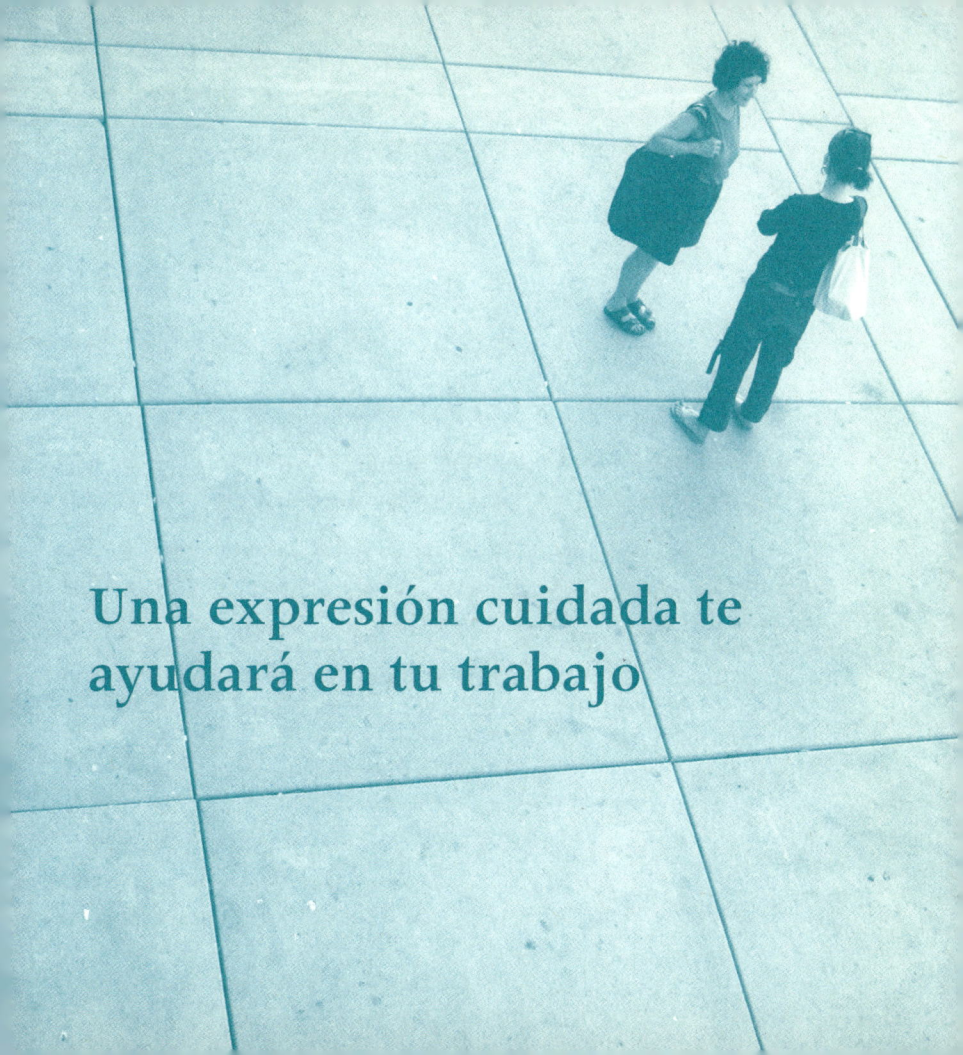

Una expresión cuidada te ayudará en tu trabajo

Libera tensiones 53

Procura realizar cada día como mínimo 5 minutos de ejercicio físico para **liberarte de tensiones y pensar con mayor claridad**. Te ayudará a tener un cuerpo más activo y una mente más clara.

Procura
realizar cada día
ejercicio físico

No dudes en pedir apoyo 54

¿Preguntar y pedir apoyo? A veces no preguntamos por lo que los demás puedan pensar de nosotros… céntrate en ti y en aprender, lo que piensen los demás es cuestión suya.

55 Reflexiona sobre tu discurso habitual

Fíjate en lo que dices: ¿te quejas o hablas de otras personas a menudo? En ambos casos es una pérdida de tiempo, te descentra, y **pierdes tu energía de acción**.

Pon objetivos a tu vida 56

Centrar un objetivo no es obsesionarte con él. ¿La diferencia? Centrar un objetivo es ir dando pasos y concretando. Te lleva a la acción y la concreción. **Si te obsesionas con el objetivo te quedas en una idea fija y no avanzas, te bloqueas.**
Diferéncialo. Si te has quedado bloquead@, tranquil@, date cuenta y empieza a dar pasos para entrar de nuevo en el camino de la acción.

57 Gestiona de manera efectiva tus contactos

Cada nuevo contacto es una oportunidad que has de ubicar y concretar: para qué, de qué manera, cómo, y cuándo. Hazles propuestas claras y concretas y márcate un plazo, pasado ese tiempo si no se concreta nada, sigue avanzando. **Busca nuevos contactos y oportunidades.**

Dale un tiempo a cada cosa 58

Pon un tiempo para cada aspecto de tu vida: trabajo, pareja, hijos, amistades, tiempo para ti… Te ayudará a optimizar tu tiempo y equilibrar tu vida.

59 Sé puntual

Procura llegar a la hora a tu trabajo, empezarás el día desde la calma. Usa un reloj que te guste.

Sé creativo en el vestir 60

Procura vestir diferente cada día y utilizar toques de color (en armonía con tu tipo de trabajo y códigos de empresa). **Saldrás de la rutina y potenciarás tu ilusión y creatividad diarias.**

61 Finaliza tus tareas a tiempo

Procura terminar tus tareas a tiempo, denota que eres organizad@, que buscas el cierre de las cosas. Y además, te sentirás bien.

Sé efectivo 62

En el trabajo, procura hacer más que hablar, así centrarás tu energía de acción y concreción.

63 Ten tu propio criterio

Se va consiguiendo a base de hacer y de emprender. Vas probando y así exploras lo que es para ti y lo que no. Te haces más selectiv@ y vas comprobando por ti mism@ que **tienes grandes recursos para ir superando situaciones**. Eso sí, manteniendo la filosofía de: «Si me caigo, aprendo, me levanto, y sigo adelante un poco más fuerte y un poco más sabi@».

Abandona la negación constante 64

Fíjate cuando dices no. ¿Es un no-limitador o un no-selectivo? El no-limitador viene del miedo y te cierra puertas a aprender y evolucionar. **El no-selectivo, viene de tener claro lo que quieres y no quieres en tu vida**. Es protector.

El no-limitador
te cierra puertas
a aprender
y evolucionar

Los pensamientos sí importan 65

Lo que pensamos es clave para el bienestar. Distingue entre pensamiento nublado o pensamiento despejado. Pensamientos nublados son los pensamientos de crítica o de juicio que nos llenan de negatividad y nos quitan energía y vitalidad. **Pensamientos despejados son pensamientos que buscan lo positivo desde el realismo** y te abren a nuevas posibilidades.

66 Abandona la negatividad

Intenta no colaborar en el discurso de la crisis o los posibles conflictos. Existen, pero **hablar constantemente de ello no te va a ayudar**, al contrario, te descarga, te desanima, y desvitaliza, y estarás menos productiv@ en tu trabajo y menos vital en tu vida.

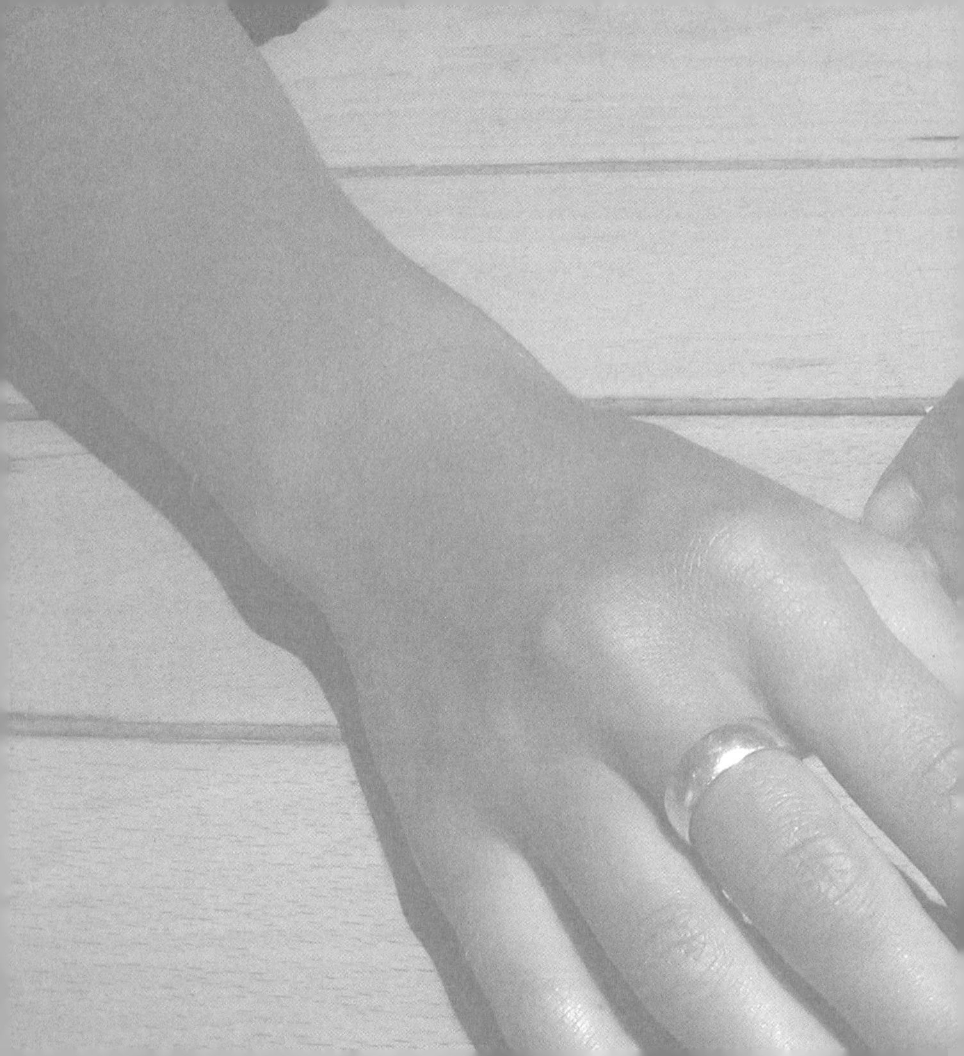

Cuarta parte

Reflexiona de manera simple y directa 67

Reflexiona sobre tus victorias y tus fracasos. Lo que salió bien: ¿qué hiciste para que así fuera? Lo que salió peor o no salió ¿Qué hiciste o no hiciste para que ocurriese? **Saca tus conclusiones, aprende, y sigue hacia adelante.**

68 Afronta los obstáculos

No te rindas porque hay algo que no sale. Analiza el por qué no sale, renueva tu ilusión y busca otras opciones. Te recomiendo que busques alguna biografía o información en internet, o veas alguna película de alguna persona cuya vida sea ejemplo de auto-superación. **Observar cómo otras personas han superado obstáculos y situaciones adversas** hasta alcanzar su triunfo, te servirá de estímulo.

Descubre lo esencial de las cosas 69

Procura llevar la cabeza muy limpia, con poco equipaje inútil. **No cargues tu cabeza con datos e informaciones innecesarios,** usa la agenda y el papel.

Procura llevar la cabeza con poco equipaje inútil

Escucha la música que precises en cada momento 70

La música da ritmo a tu vida. Cada día escucha música animada y baila durante un minuto para liberar tensiones y subir tu vitalidad corporal.

71 Confía en tu mente productiva

La mente está para dar un orden, una estructura, no para paralizarnos con pensamientos absurdos. Procura no cargarla con pensamientos inútiles que solo te amargan la existencia. Escribir esas ideas absurdas que no te dejan tranquil@ y luego tirar el papel es una forma sencilla de empezar a sacarlos.

¡Practícalo!

Los retos te estimulan 72

Los retos estimulan nuestra mente y, al movernos para lograrlos, nos aportan vitalidad corporal. Ponte un reto ahora. Por ejemplo, **acabar una tarea en un tiempo determinado.**

73 Usa la comunicación más efectiva

Usa palabras claras, precisas, sencillas, que te entiendan. Lo rebuscado y repetitivo te aburre a ti y a los que te escuchan.

Selecciona lo que más te interese en cada momento

74

Recoge lo mejor para ti en cada momento de tu vida. Para potenciarlo puedes hacer este ejercicio: visualiza un *self-service* y ve seleccionando en tu plato la comida que te gusta y te sienta bien. Son tus opciones de vida, lo que tú eliges. Si quieres, también puedes ir a un restaurante *self-service* y llevarlo a la práctica. Selecciona tu comida. **Selecciona lo que quieres en tu vida.**

75 Evita las comparaciones

Nos pasamos el día comparándonos con los demás. Cuando nos comparamos perdemos nuestra fuerza porque pretendemos ser como otra persona o tener algo que la otra persona tiene, en vez de potenciar nuestra propia capacidad y nuestros propios recursos que son muchos. **Cuando te notes comparándote imagina durante unos segundos una gran cascada de agua fresca desde tu cabeza a tus pies.** Te ayudará a limpiar tus pensamientos comparativos y a volver a centrarte en ti.

Busca siempre nuevas opciones 76

Cuando tienes un problema y te preocupas en exceso lo duplicas. Usa tu energía para revertirlo buscando opciones. Siempre hay una salida. Empieza a moverte para buscar una alternativa y te abrirás a nuevas posibilidades. **Pide apoyo si lo necesitas.**

77 Concreta las ideas

Si tienes una idea que te gusta y te ilusiona, escribe un plan concreto para llevarlo a la realidad y pon un plazo de ejecución. **Ve dando pasos para materializar tu idea.** Si sale ¡enhorabuena!, si no sale ¿qué has aprendido? Tenlo en cuenta para el siguiente intento.

Sé productivo en tus tareas 78

Cada vez que resuelves y concretas, aumentas la productividad en tu trabajo y tu vitalidad personal. Cuando postergas la productividad, baja, y tu nivel de vitalidad también. **Es la persona con sus ganas y su vitalidad la que introduce la energía necesaria en su trabajo** y eso se traduce en productividad.

Cada vez que resuelves y concretas, aumentas la productividad en tu trabajo

No ahondes en la perfección 79

Te paraliza. **Procura hacer lo tuyo sin querer hacerlo perfecto.** Si consideras que ya has hecho lo que has podido, sigue avanzando. Irás mejorando sobre la marcha.

80 Corrige y aprende de tus errores

Un buen profesional es quien hace, se equivoca, y sigue hacia adelante. Edison lo intentó muchas veces antes de inventar la bombilla. Cada vez que no lo conseguía aprendía qué no hacer, y lo corregía en la siguiente ocasión. Al final lo consiguió.

Pide apoyos 81

El realismo a veces nos hace pedir apoyo. Es un avance en tu capacidad de realismo, pide lo que necesitas de manera clara y concreta y sigue hacia adelante. Imagina un sendero por el que vas andando. Según caminas van apareciendo manos que te ayudan a conseguir tu objetivo. Tomas una y avanzas, tomas la siguiente y avanzas. **Así avanzamos todos, moviéndonos y buscando apoyos cuando lo necesitamos.**

82 Ten orden en tus cosas

El orden externo es fundamental para el orden interno mental. **Cuida tu espacio de trabajo** y mantén tu zona ordenada para trabajar mejor.

Trabaja con luz natural 83

Un espacio de trabajo luminoso **nos conecta con dinamismo y vida**. (Sí, ya lo sé, esto no depende de ti, pero quizás lo lea alguien que tiene capacidad para cambiarlo.)

84 Rodéate de plantas

Las plantas en el lugar de trabajo nos relajan y nos conectan con la capacidad de observar y de organizar. Por ejemplo, **los potus o los cactus son plantas de interior muy resistentes.** Las hay en pequeño tamaño si tienes un espacio reducido.

Cuida tus manos 85

Las manos nos sirven para concretar. Cuídalas a diario. Puedes comprarte una crema de un olor que te agrade y tenerla en tu lugar de trabajo. Cuando lo necesites aplícala con un suave masaje hacia los dedos.

Las manos
nos sirven para
concretar

Un pequeño paso 86

Para crear futuro hay que hacer y moverse y avanzar día a día. Paso a paso, poco a poco. Muchos pequeños pasos a diario nos llevan a un gran avance casi sin darnos cuenta.

87 Aprovecha todo tu potencial

Muchas veces queremos que sean los demás los que nos motiven: que me motive mi trabajo, que me motive mi jefe… **Es importante que cada día busques tus propios motivos para la acción** (motiv-ación), que cada día busques tu ilusión en el trabajo y no esperes a que te la den otros. Se trata de buscar tus pequeños recursos parar estar content@ en este lugar en el que pasas tanto tiempo.

Mantente activ@ y en aprendizaje constante

88 Inspírate en los buenos modelos

Mantente activ@ y en aprendizaje constante: **lee libros que te inspiren y te impulsen a la acción**, pasa un tiempo con personas optimistas, y dedica cada día un tiempo para cuidarte.

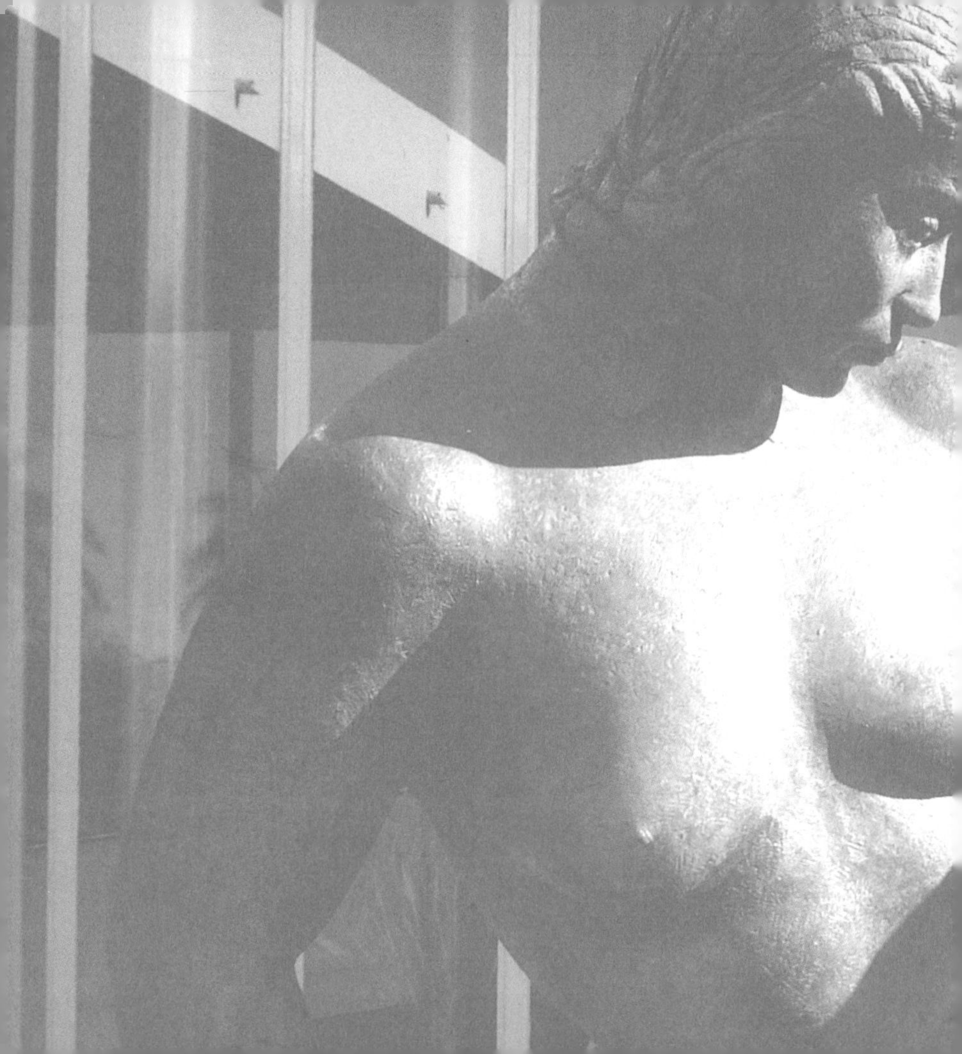

Quinta parte

Busca tu oportunidad 89

Ante cualquier situación pregúntate: ¿qué es lo que puedo hacer yo ante esta situación? ¿cuál es mi oportunidad aquí y ahora?

90 Adopta una buena postura corporal

Obsérvate delante de un espejo. ¿Te sientas con la espalda arqueada? ¿Caminas arrastrando los pies y de forma desgarbada? Cuida este aspecto. **Una postura y movimiento corporal armónicos te ayudan a estar centrado y a relacionarte con más seguridad y aplomo.**

Exprésate 91

Habla y expón tu criterio desde el respeto. Puedes escribirlo antes en un papel. **Te ayudará a ser más clar@ y concret@.**

Habla y expón tu criterio desde el respeto

Optimiza tu tiempo 92

A veces hablamos y hablamos sin concretar. Antes de reunirte o hablar por teléfono con alguien, **escribe a mano en una hoja tus objetivos de forma clara y cíñete a ellos durante la conversación**. Optimizarás tu tiempo y tu energía de acción.

93 Errores y aciertos

Hacer y explorar implica un riesgo a equivocarte pero también implica un posible aprendizaje que es lo que te hace evolucionar. **Una imagen que te ayudará: un niño pequeño aprendiendo a caminar.** Se cae y se vuelve a levantar hasta que finalmente aprende.

Potencia tu habilidad mental 94

Una vez a la semana crea un juego mental de seis preguntas al azar y contéstalas lo más rápido posible. Te ayudará a ser más rápid@ al decidir y al implicarte.

95 Pensamientos armónicos

Cuando sientas tu cabeza confusa y enredada **toma un zumo de frutas. Te ayudará a relajar tu cuerpo y calmar tu mente**. Mientras lo tomas puedes imaginar un cielo de color azul luminoso que te conecta con una sensación de armonía y nuevas posibilidades.

Plantéate un reto 96

Ponernos retos nos estimula a avanzar y nos ayuda a estar activos y vivos. ¿Tienes retos personales y laborales? Cuida ambos para potenciar tu bienestar personal. Escríbelos en un papel y ponte en marcha para lograrlos. Ejemplos:

a) Reto personal: «Esta semana voy a ir al gimnasio 3 veces en semana para relajar mi cuerpo y subir mi ánimo».
b) Reto profesional: «Esta semana voy a hacer 3 nuevos contactos».

¿Tienes retos personales y laborales?

Busca imágenes estimulantes 97

Coloca una imagen que te agrade en tu lugar de trabajo. Puede ser un paisaje, un animal… Renuévala cada semana. Te ayudará a relajar tus ojos y tu mente.

98 Sinónimos

Busca sinónimos, escríbelos en un papel y dilos en voz alta. Aquí tienes algunos de la palabra *activo*: dinámico, eficiente, enérgico, ágil, ligero, rápido, vivaracho, espabilado, vital…

Busca tus recursos 99

Una persona inteligente es la que va desplegando y desarrollando recursos para la vida. Todos somos inteligentes. **Busca tus recursos, encuentra tu inteligencia.**

100 Toma decisiones

Elegir entre múltiples opciones nos causa estrés y tensión mental. Es importante que nos acostumbremos a decidir con cierta rapidez. **Ante una decisión sencilla, haz el propósito de decidir en el momento.** Ante una decisión más compleja, busca tus opciones, comprende sus posibles repercusiones y arriésgate a tomar una decisión satisfactoria, que será «la mejor» que has podido tomar en ese momento.

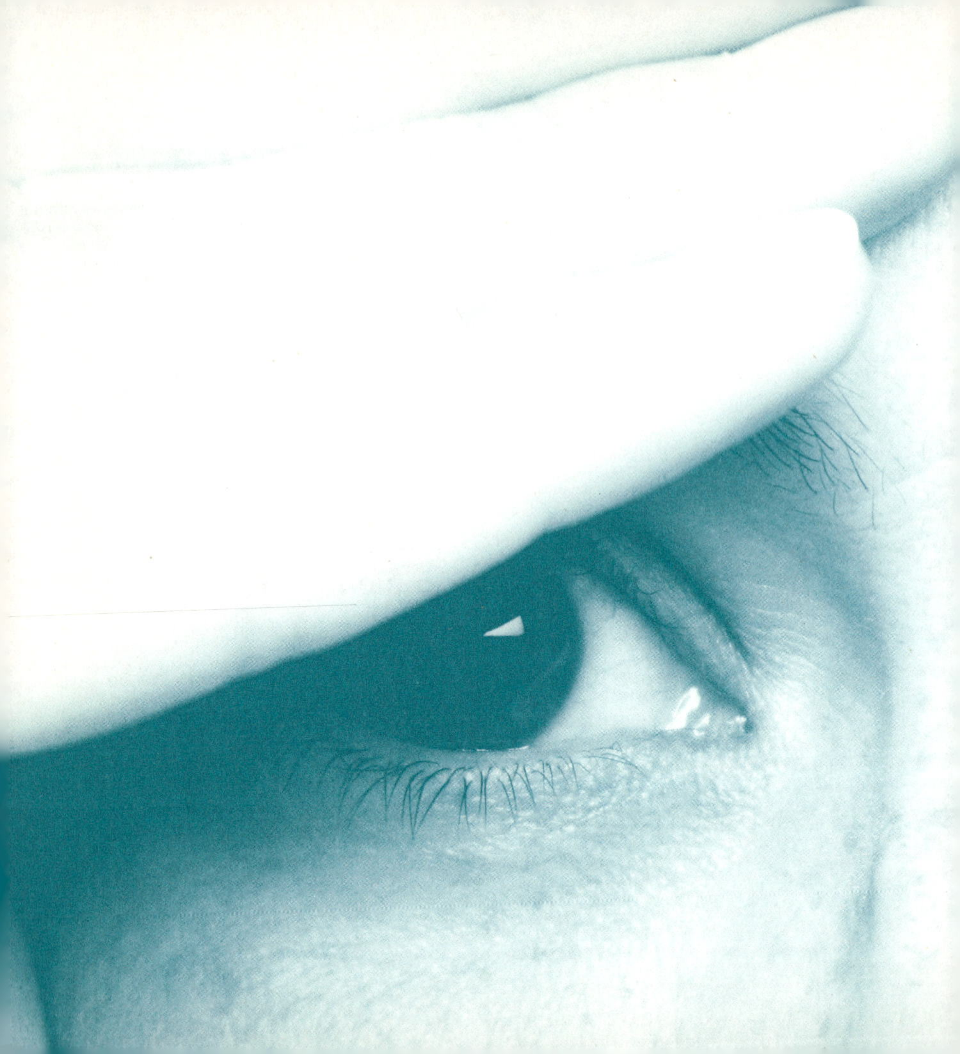

Busca tus propias referencias y tu propio criterio en lo que haces

Haz caso a tu conciencia 101

Imagina que tienes un plato de comida que has llenado con alimentos que te gustan. Viene alguien y te dice: «¡Hala! ¿Todo eso te vas a comer?», y después viene otra persona y te dice: «¿Estás a dieta? ¿Solo vas a comer eso?» Escucha, pero al final, sigue tu propio criterio. **Si escuchas demasiado y haces excesivo caso a lo externo, te perderás de ti mismo.** Busca tus propias referencias y tu propio criterio en lo que haces.

102 Valora lo que tienes

No es conformismo, es valoración en base a nuestra realidad. Quizás lo que tienes no es perfecto, pero ¿algo lo es? No se trata de acomodarse y decir «esto es lo que hay» y punto. Se trata de ver lo positivo que te rodea en vez de estar viendo solo el aspecto que no nos gusta.

Sigue avanzando 103

Si hay algo que realmente queremos cambiar o mejorar podemos hacerlo, ¿cómo? poniéndonos objetivos y dando pasos para lograrlos. **Objetivos que te ayuden a dirigirte hacia donde quieres ir y los aspectos que quieres mejorar.**

104 Busca tiempo para compartir con los tuyos

Busca tiempo para estar con tu pareja, **un tiempo para compartir y hablar de algún tema interesante**. O con tus hijos: un tiempo para disfrutar con ellos.

Escucha a tus interlocutores 105

Procura no terminar las frases de alguien que te está contando algo. Te desgastas de manera innecesaria y puede poner de los nervios a tu interlocutor. Escucha, y si después tienes algo que decir, adelante.

106 Establece un tiempo de enfoque diario

Es un tiempo solo para ti y tu proyecto o plan de trabajo. En ese espacio de tiempo, estableces objetivos y prioridades, realizas las tareas más importantes sin interrupciones. Pueden ser 15 minutos o una hora (lo que puedas o consideres adecuado).

No les des tantas vueltas a las cosas 107

A veces damos vueltas y vueltas a una idea sin tomar una resolución. Son los «y si…», los «es que…», y los «porque…» interminables. No actuamos y nos quedamos bloqueados. **La cabeza puede ser nuestra amiga si dejamos que piense «lo justo».** Si generamos una idea y la concretamos en forma de una acción sencilla, iremos avanzando.

108 Relaciónate

Hay momentos en que solo nos apetece recluirnos en casa o en nosotros mismos, pues todo nos parece un mundo. Necesitas salir, relacionarte, hablar con la gente. Da pequeños pasos, aunque solo sea salir y hablar con la persona del kiosco o el que te vende el ticket de autobús. **Al relacionarte empezarás a renovar fuerzas y a ver nuevas opciones y posibilidades.**

Haz pequeños cambios en tu vida cotidiana 109

Ser creativos en nuestra vida cotidiana supone estar abiertos a la novedad, al cambio y las nuevas posibilidades. **Introducir pequeños cambios en tu vida cotidiana nos pone en una actitud receptiva hacia lo nuevo.**

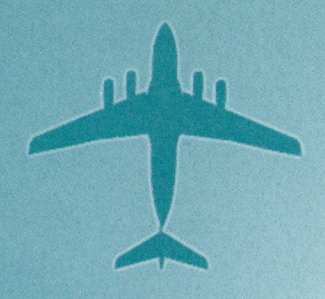

Es importante estar abiertos a la novedad y al cambio

No dejes temas pendientes 110

Dejar las cosas «para después» nos provoca sobrepeso mental y corporal. Hay que ir resolviendo con dinamismo y vitalidad. Es importante ir cerrando temas. **Toda esa sobrecarga que notas a tus espaldas desaparecerá y te sentirás mucho más liger@.**

111 Huye del perfeccionismo

Nos bloquea, nos impide avanzar, y nos resta energía para estar activos y resolutivos. **Haz lo mejor que puedas y relájate. Habrá días que te saldrá mejor y otros no tanto**. Lo importante es seguir hacia adelante y perseverar.

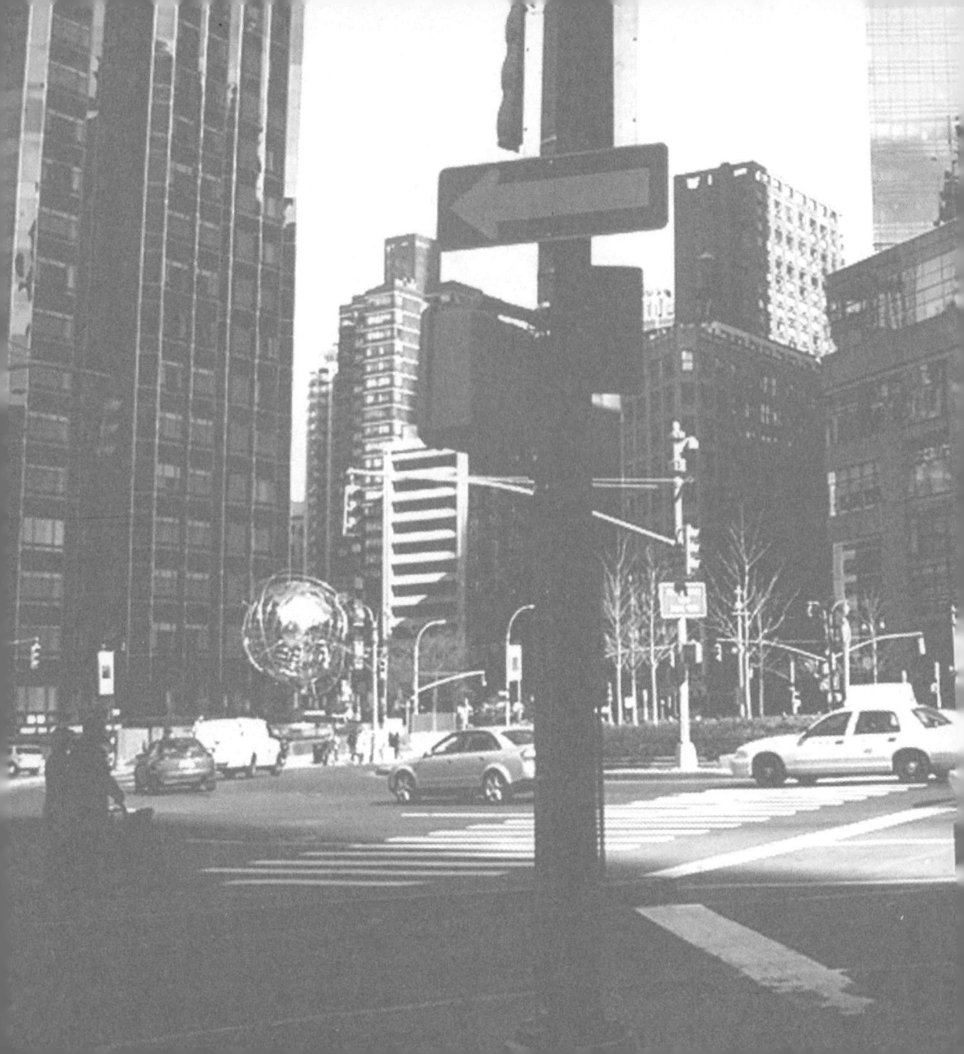

Sexta parte

Márcate un principio y un fin en tus tareas

112

Intenta terminar lo que te propones durante el día. Una vez que centras tus objetivos y organizas tu tiempo alrededor de ellos te será más fácil cumplirlos. Así te sentirás más resolutiv@, más vital, y podrás seguir avanzando.

113 Organiza tu tiempo

Selecciona, prioriza, y aprende a decir «ahora no». Dentro de lo posible, no te involucres en muchos proyectos ni obligaciones hasta que no vayas cerrando temas. **Pon atención a lo que dices sí y a lo que dices no.** De todas las tareas que estás llevando a cabo… ¿qué es importante para alcanzar tus objetivos y qué no lo es?

No temas al error 114

Procura ser flexible con tus errores y aprende de ellos para hacerlo de otra manera la próxima vez. ¿Sabes quién no se equivoca? Aquél que no hace. **Avanzar implica que nos podemos equivocar**. Con ese error aprenderemos algo y así cada vez seremos más selectivos.

115 Usa la tecnología con sentido común

Si te pasas el día pegado al móvil, BlackBerry o iPhone es porque, a veces, estos aparatos absorben nuestra atención de tal manera que nos perdemos lo que pasa en el mundo a nuestro alrededor. **Las nuevas tecnologías son estupendas y nos facilitan la vida, pero cuidado con el uso excesivo que a veces hacemos de ellas.**

Vivir el presente nos aporta frescura, libertad y oxigenación

116 Vive el presente

A veces nos complicamos la vida de manera innecesaria. Nos atormentamos por cosas que ya han sucedido o sucesos que nunca ocurrirán. **Buscar la simplicidad inteligente significa centrarnos más en el momento presente y permitirnos disfrutar más de nuestra vida.** El inteligente simple va tomando cosas que le nutren de cada situación que vive y esto le aporta frescura, libertad y oxigenación.

Busca la satisfacción personal 117

El éxito personal es una combinación entre cómo te sientes y lo que vas consiguiendo. El verdadero éxito radica en el equilibrio.

118 Cuida tu imagen

Es importante que te veas y te gustes. No hace falta ser un modelo de pasarela. Cada uno a su ritmo puede ir mejorando su imagen si se lo propone. **Ponte ropa que te guste y que te favorezca**, usa diferentes colores y combinaciones, añade complementos que irás cambiando, cuida tu peinado, tus uñas, y todo esto para sentirte bien contigo mismo. Te ayudará a sentirte más seguro y confiado en la interrelación diaria con los demás.

Busca una actividad que te agrade 119

Te ayudará a recargar las pilas y a estar más content@. Así subirás tu ánimo y tu vitalidad. **Encuentra tu momento**: el fin de semana, cada día un rato (si puedes), busca tu espacio de disfrute personal. Puede ser un deporte, escuchar música, bailar, caminar por un parque, hacer yoga, leer un libro de intriga, ver una película interesante…

120 No dejes las tareas pendientes para más adelante

Es conveniente ir haciendo y avanzando y no dejar las cosas para mañana si queremos tener un buen nivel de vitalidad. El cuerpo quiere movimiento y acción, si lo paralizamos con ideas y pensamientos absurdos, se llena de tensiones y nos provoca malestar. A su vez la cabeza se llena de «tareas pendientes-inacabadas» y el pensamiento se ralentiza. Al hacer y actuar vas avanzando y una cosa te lleva a otra.

Sé agradecido 121

Cuando no veas salida y te sientas lleno de pensamientos negativos, simplemente agradece algo. Con este simple gesto te empiezas a enfocar en algo positivo que, por pequeño que sea, ya es un comienzo. **Haz una lista de cosas que agradecer y sigue hacia adelante.**

Agradece que puedas vivir ciertos momentos

Atrévete 122

A veces tenemos una idea, una opinión, una manera diferente de pensar, y no nos atrevemos a expresarlo por miedo a lo que puedan decir los demás. Cada vez que hacemos esto dejamos de ser nosotros mismos un poquito. **Atrévete a expresar una opinión diferente al resto**, por supuesto, haciéndolo desde el respeto y la tranquilidad.

123 Compagina tu profesión y tu vida

El tiempo que estés en el trabajo procura que sea un tiempo productivo y sal a una hora que te permita tener también tiempo para ti y los tuyos. Pasar horas y horas adicionales en la oficina por costumbre no te hace más efectiv@. **Tener una vida fuera de la oficina te permitirá estar más fresc@ y creativ@ para afrontar los retos profesionales.**

Si necesitas preguntar, hazlo y sigue adelante

124

A veces no entendemos algo y no preguntamos por miedo a qué pensarán de nosotros. Si no te has enterado de algo en relación a alguna tarea que has de realizar, pregunta ahora. **Comenzar algo desde la duda no es una buena idea.**

125 No temas a hablar en público

Siempre que sea posible, prepara con antelación lo que vas a decir. No intentes imitar a nadie. Prepárate y hazlo lo mejor que puedas. Sé natural. **Para calmarte imagina a la audiencia dentro de un globo de color plata.**

¿Crítica o acción constructiva? 126

La crítica es una pérdida de tiempo, nos desgasta, y no hay avance. La mente y el cuerpo se van descargando y perdiendo fuerza para hacer algo más positivo por ti mism@, que es lo interesante y lo saludable.

127 ¿Comparación o estímulo?

Cuando veas que alguien tienen alguna habilidad o destreza que te gustaría tener a ti también, intenta desarrollarla a tu manera. Entra en acción para desarrollar esa habilidad en vez de pensar que esa persona sabe y tú no. **Pasa de la comparación al estímulo de acción y ponte en marcha.**

No te lamentes, pasa a la acción 128

Es importante tener confianza en uno mismo. Puedes tomar un papel y bolígrafo y escribir todo tu lamento durante cinco minutos y después romper el papel y tirarlo a la basura. Esto ayuda a descargar la mente de esos pensamientos. A continuación haz algo que te ponga en movimiento corporal: un paseo, deporte, llama a alguien positivo y activo, pide ayuda.

La acción te ayuda
a descargar la mente
de los lamentos

Los frutos de tu trabajo llegan tarde o temprano

129

Hay momentos en que las cosas no salen como queremos. A veces hemos trabajado duro y los resultados no son acordes a nuestras expectativas. Quizás ahora no le veas el sentido, pero **si sigues trabajando duro, tarde o temprano recogerás los frutos.** Quizás no llegan de la manera en que esperas, pero estate atent@ porque seguro que llegan.

130 Anima y felicita hoy a alguien en el trabajo

Con este simple gesto estarás dando un primer paso en pro de un buen ambiente en tu entorno cercano. Es algo muy sencillo de hacer y está en tu mano. **Los grandes cambios comienzan por pequeños pasos.**

Y tú ¿tienes alguna clave para estar activo y vivo en tu trabajo?

Completa tu propia clave

....

....

....

Si quieres compartirla conmigo o hacer algún comentario puedes enviarla a este correo: info@anamolina.es

Anexo

Los números y lo que cada número aporta según el método TRCD.

1. Retomar fuerza.
2. Potenciar la acción y concreción en el trabajo.
3. Mejorar la interrelación.
4. Conocerme mejor y seguir mi propio criterio.
5. Mejorar mi expresión.
6. Discernir entre vida personal y trabajo.
7. Potenciar la ilusión y los nuevos retos.
8. Pedir apoyo.
9. Conectar con mi propio sistema de valores.

Otros títulos de **Vital**

Mensajes con amor. Susan Jeffers

Este libro nos ofrece una colección de afirmaciones positivas para la práctica diaria que nos permitirán eliminar miedos y temores y afrontar cualquier situación con serenidad. A través de ellas podemos reeducar nuestra mente, eliminar de ella toda la negatividad que nos mantiene prisioneros y nos impide liberar nuestro potencial para crearnos a nosotros mismos y vivir la vida que deseamos y merecemos.

Pídeselo al Universo. Bärbel Mohr

Un manual para aprender a interpretar las señales que nos envía el Universo. Cada vez hay más personas que perciben con toda claridad la voz de su intuición. Para poder escuchar la voz interior resulta suficiente con un poco de entrenamiento, recostarse unos minutos, respirar adecuadamente y percibir el propio ser y el contacto con el Universo. Porque si uno es feliz, puede tenerlo todo y no necesitar nada.

Felicidad es... Margaret Hay

Sumérgete en las pequeñas páginas de este libro, en él encontrarás reflexiones que te acogerán, tranquilizantes. Tómate tu tiempo. Coge el libro, cierra los ojos, respira y ábrelo al azar por cualquier parte, vuelve a abrir los ojos, lee con atención y tómalo como punto de partida. Te ayudará en tus decisiones. Muchos buscan la felicidad sin saber que ésta se construye día a día, minuto a minuto, disfrutando de todo lo que se nos presenta en cada instante.

Otros títulos de Vital

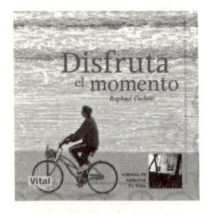

Disfruta el momento. Raphael Cushnir

Sucede, muchas veces, que ante situaciones difíciles, nos encerramos en nuestro propio caparazón y nos blindamos al exterior. En ese momento perdemos buena parte de la energía que nos permite crecer y madurar como seres humanos. Para evitar estas situaciones este libro nos enseña de qué modo volver a disfrutar de la vida y del entorno que nos ha tocado vivir.

Vivir de otra manera es posible. Regina Carstensen

Cómo podemos simplificar nuestra vida y hacer que nos sintamos más libres? Gracias a las innumerables propuestas de este libro, que ha sido un gran éxito de ventas en Alemania, aprenderemos a decir *no*, a liberarnos de los sentimientos de culpa y a encontrar el equilibrio en nuestra rutina laboral, consiguiendo así encontrar el tiempo necesario para disfrutar de la alegría de vivir.

Sentirse bien. Wayne W. Lewis

El autor de este libro nos propone un fascinante acercamiento a lo más recóndito de nuestra mente, de nuestro cuerpo y de nuestro espíritu con el fin de sacar a la luz toda aquella energía inconsciente que se esconde tras nuestros actos.

Otros títulos de **Vital**

Aprende a vivir con optimismo. Catherine Douglas

Este libro nos presenta un resumen de las más eficaces ideas y consejos para alcanzar las metas que nos propongamos. La autora nos enseña cómo motivarnos aplicando las técnicas del pensamiento positivo, desarrollo de la autoestima, afirmaciones, visualizaciones, autosugestión, etc. Catherine Douglas nos ahorra teoría y va directamente a lo práctico, aportando consejos que pueden aplicarse de manera inmediata.

Mejora tu salud emocional. Robert Cameron

Este libro trata ante todo de ti. Está centrado en tus emociones, en tu aptitud individual para crear una fuerte autovaloración para aumentar gradualmente tu autoestima. A través de las afirmaciones que te propone, puedes aprender a expresar sentimientos, a disfrutar de tu propia compañía y a actuar espontáneamente. Una guía muy práctica diseñada como un viaje en el que podrás abordar los momentos en que has modelado tu personalidad, tu representación de la realidad y la forma en que ésta se proyecta hacia los demás.

Si quieres, puedes. Daniel y Patricia Day

Los autores han conseguido con esta obra que miles de personas vuelvan a confiar en sí mismas. Los autores nos proponen numerosos ejercicios de meditación, afirmaciones y consejos que te ayudarán a confiar en tu sabiduría intuitiva y también a mejorar emocional y espiritualmente para conseguir una vida más intensa y sobre todo, feliz.

Otros títulos de Vital

Aprende a combinar alimentos. Julie Davenport

Sigue los principios básicos de la combinación de alimentos para conseguir una vida saludable. Nuestro organismo es una máquina de precisión que funciona cuando el aparato digestivo y todo el metabolismo enzimático pueden funcionar con normalidad. Seguir una dieta saludable combinando alimentos de forma armónica es una garantía de futuro.

Llena tu vida de vida

¡Lo mejor que se ha dicho y escrito en el ámbito de la superación personal! He aquí un conjunto de citas inspiradoras y positivas que son algo más que meras palabras, son sabias reflexiones sobre valores universales como el amor, la amistad, la felicidad o la sabiduría y que pueden servirte en cualquier ocasión para potenciar tu entusiasmo, tu pasión y tu compromiso con la vida.

WITHDRAWN

9.95   84|u

LONGWOOD PUBLIC LIBRARY
800 Middle Country Road
Middle Island, NY 11953
(631) 924-6400
mylpl.net

LIBRARY HOURS

Monday-Friday	9:30 a.m. - 9:00 p.m.
Saturday	9:30 a.m. - 5:00 p.m.
Sunday (Sept-June)	1:00 p.m. - 5:00 p.m.